Alejandro Delorenzi

Una Espiritualidad Encarnada

AF535385

Alejandro Delorenzi

Una Espiritualidad Encarnada

CREDO EDICIONES

Imprint
Any brand names and product names mentioned in this book are subject to trademark, brand or patent protection and are trademarks or registered trademarks of their respective holders. The use of brand names, product names, common names, trade names, product descriptions etc. even without a particular marking in this work is in no way to be construed to mean that such names may be regarded as unrestricted in respect of trademark and brand protection legislation and could thus be used by anyone.

Cover image: www.ingimage.com

Publisher:
CREDO EDICIONES
is a trademark of
International Book Market Service Ltd., member of OmniScriptum Publishing Group
17 Meldrum Street, Beau Bassin 71504, Mauritius

Printed at: see last page
ISBN: 978-620-2-47886-1

Copyright © Alejandro Delorenzi
Copyright © 2018 International Book Market Service Ltd., member of OmniScriptum Publishing Group

Espiritualidad encarnada humanización

 Capitalismo salvaje inhumanización.

Si los silencios dominaran los tiempos, los verdes instantes serian eternos y esta sociedad neo liberal pos moderna se apartaría un tanto de sus meritocracias o tecnocracias. Se detendría, se haría consiente de sus maravillas naturales, primero en su humanidad mujer varón que lo desconcierta y en todos los seres vivos con quienes comparte esa casa común poniendo en una unidad el cuidado por este ser vivo llamado tierra nuestra única casa con posibilidad de contenernos y de proporcionar un buen vivir y no una buena vida en que la dilapidamos monstruosamente según nuestras apetencias y llamados progresos, que en realidad solo nos hacen descender a nuestro oscuros infiernos.

Esta humanidad sería profundamente humana, cálida y hospitalaria, se volcaría a su ser más profundo y vital, a ese latido originante que nunca tendría que apagarse, ya que en el reside su identidad mas profunda su amor y sobre todo su identidad como pueblo que se hace comen salia y celebra el simposio para lo cual estamos ordenados, a compartir y multiplicar los panes y la vida distribuirlos con equidad empezando por los mas necesitados y descartados del sistema si exclusión alguna sabiendo también que entre los que mas pueden económicamente hay corazones abiertos sedientos de trascendencia, soledades terribles entre tanta aparente compania superficial que solo se encuentra en torno al poder o el dinero que nunca acallara los corazones dolidos, sino la ternura y la hospitalidad.

Si se adentrara en su humanidad no se perdería de signos esenciales que le recordaran su ser espiritual(sentipensante), ser esencial que nos acontece a todos los seres humanos, pero que hoy esta tan postergado y ninguneado en pro de otras maravillas que se ofrecen en el mercado, o en el llame ya de la oscuridad que nos seduce a dejarnos absortos por lo inmediato de nuestros pedidos o en las auto ayudas que pululan y encierran el riesgo de un egoísmo espiritualista, dejando nuestro corazón balanceando en función del vértigo que nunca termina Y abandonando así nuestro mas profundo conocimiento de la realidad el del corazón, el que nos da el amor superando asi todos los errores que hemos cometido y cometemos cuando dejamos que la cabeza sea el centro creando así un nuevo cerebroismo de la vida, pensando la vida y no viviendo el delicado instante del amanecer cuando la primer brisa nos rosa y nos conduce al asombro de sentirnos vivos en un universo por descubrir.

Si navegara mar adentro se descubriría femineidad, principio espiritual y madre tierra. Pero el viejo bastión del patriarcado y el androcentrismo que nos a manejado la cultura de los varones, donde la mirada de los mismos impregna la realidad relegando a las mujeres a ya sabemos que, cosificando las o haciéndolas meras propiedades de los machos. Las historia entonces seria distinta ya que solo se ha perpetuado con la mirada de los machos atraves de los tiempos su lectura ha parcializado la realidad en detrimento de lo femenino como energía vital que cuida, da sentido y es cobijo encuentro.

Ahí anda entonces maltratando su propia maravilla lo humano que lo precipita a transformarse, en que cada día crezca mas en lo hondo en su verdadera identidad, se diluye entonces en la metamorfosis de lo utilitario. Somos descartados en el desván ultimo de la feria oculta que lo intenta vender todo,

Y por ahí andamos constantemente queriendo consciente o inconscientemente autodestruirnos a través de nuestra sobre valorada tecnología o virtualidad que nos enaltece y nos sube a la soberbia, al poder que corroe,(corrupción)la comunidad, que se ha sumergido en un profundo egoísmo y corrupción danzante, donde la mentira se ha hecho una realidad cotidiana y aceptada como una nueva realidad. En estos tiempos estamos asomándonos a un sistema vida de mentira, miedo y culpa.

El altísimo consumo que propone el sistema nos sumerge en una carrera y competencia, la meritocracia tan promocionada como virtud capital terrible, que nos fagocita en el sistema tremendo al que estamos siendo invitados cotidianamente, donde la marca nos remplaza y da el ser plástico que un buen día se diluye en la multitud que camina sin caras por el valle de la muerte, pero no de la muerte hacia la que vamos todos un día sino la vida en muerte que podemos transitar cual zombis ausentes de la existencia.

Una profunda des personalización a la que somos convocados y marcados como una banda de precios de supermercado hasta que las rayitas nos localizan y nos espien para usarnos mejor.
Como tan bien somos convocados a una suerte de vida mediocre y dominada por la virtualidad de una felicidad de plástico que oculta nuestro ser profundo espiritual.
Sin duda una nueva colonización la de la estupidez que se balancea en todas las disciplinas. Donde el arte ya no es arte sino una mezcla extraña y pasatiempo adormecedor y anestesiado de la profundidad y de la capacidad de asombro.

El descontrol y la violencia son un escenario constante donde se enfrentan con los diferentes, con los débiles o disminuidos para dicho sistema blanquecino y perfecto.
La violencia es el comunicador de la impotencia de los poderos, es una muestra de su inseguridad no reconocida.

En todo esto sin embargo comunicamos un Dios presente en la ternura del hijo, encarnado en lo cotidiano para desplazar este sistema de la oscuridad. Ese Hijo no se resuelve en los ritos ni altares ni mucho menos en un Jesús encerrado y maniatado por nuestras manipulaciones y elucubraciones por muy santas que aparezcan.
Así tampoco en una evangelización ya caduca y carente de ideas sin silencios y escucha del Espíritu Santo que lo renueva todo.
Una Iglesia presente en la periferia de los seres humanos capaz de dar pistas para el buen vivir.

Anticultura Desencuentro en una espiritualidad desencarnada

La anticultura como propuesta no solo verbal sino también metafísica ideada meticulosamente para fragmentarnos como Pueblos y desmenuzar así nuestras capacidades y modalidades milenarias son cercenadas con el atuendo de nuevas, o más bien novedosos estilos de vida, nuevas colonizaciones que vienen en carabelas hoy de la estupidez y mediocridad, para anularnos como personas y ser meras marionetas del olvido.

La anticultura se torna violenta y se esconde tras las figuras de bienestar económico, se transparenta en una violencia económica que mata y esta no tiene ningún juicio y por la cual nadie va preso como tendría de estarlo

cual delincuente de fino andar.
También la anticultura voltea símbolos creencias sencillas como los pesebres navideños y los remplaza por un gordito de barba que maneja el mercado en que se transforma la misma vida, una cultura del mercado.

Entonces la memoria es una de las primeras víctimas, aquella ánima de nuestras vidas es tenida y menospreciada como ridículos cuentos ya olvidados y que hay que sepultar en el desván de los olvidos, memoria de derechos adquiridos es borrada cual pizarrón macabro y además todo tipo de logro es ninguneado por los letrados del sistema.
Sabemos muy bien al detenernos que sin memoria y mucho menos sin memorial (memoria viva) no hay presencia, no hay vida ni muerte.
Sin memoria viva no hay amor, celebramos el memorial justamente no de un muerto sino el memorial vivo de su presencia amorosa y salvífica que sigue sucediendo y creando una cultura real del encuentro.
En una anticultura del desencuentro, en todo caso hay limbo incierto, cárcel de la vida en su mas puro significado, la vitalidad queda diluida en un desconcierto que poco tiene que ver con la encarnación del Verbo.

Espiritualidad encarnada crisis

Se te han caído los tiempos
Puede ser que los tiempos te caigan encima, como si los cielos se enojaran con los astros y los prendieran fuego sobre tu cuerpo como un dejo de soledad acaecida de infierno.
Pero también es el vapor de vida surgiendo tras las alas de la muerte de nuevo, rociándolo todo con un nuevo amanecer que se impone sobre los ocasos.
Fascinante que los tiempos se caigan y te dejen sin horas ya, sin la prisión de agujas que cercenan todo sueño y lo precipitan a la maquina come sueños.
Y ahí te estás de nuevo, tal vez como nunca saboreando las pequeñas cosas que habías dejado desgranándose de olvido en nombre de la posmodernidad que virtualiza todo de colores etéreos y mentirosos, que se confrontan con la locura real que nos está creando el sistema de los oscuros señores de lo corrupto.
Y ahí te estás después de los avatares que te han sorprendido, sin embargo

te despiertan de nuevo en silencio fecundo, para escuchar todo lo que no escuchabas. Una nueva afinación al asombro a la novedad simple que se te escapaba tras las escaramuzas de la velocidad y el vértigo que te posterga para que no te detengas y te percibas vivo, vibrando tras el vuelo de los pájaros.
Es la hora sin hora del silencio, de la escucha pausada del amor que acontece en las respiraciones que no oías ya que estabas tan preocupado que no quedaba mas tiempo para lo efímero, lo que se escurre y no tiene ninguna utilidad.
Es el instante del ya todavía no donde la inspiración vuelve a ser profunda y la melodía natural confluye a la sinfonía del buen vivir. El espacio nuevo pero no por lo novedoso que te deja con la sensación de angustia después que la novedad termina o se rompe.
La oportunidad que te da la espera sin ansiedad, donde el otro es otro que confluye a un encuentro, tal cual es y no como deseamos que sea o como el sistema desea, otro objeto manipuleo a su medida y maquinaria del olvido donde van a parar los seres ya sin rostro de la frívola mirada.
Es tiempo de nuevo del misterio del nacimiento nuevo, donde no había programación ni esquema que coartara de entrada tu libertada amada por el latido esencial que nos pone en el estado de asombro y riesgo, donde las seguridades de este sistema dan de bruces con los olores, los colores y las ternuras.
Es tiempo del niño en el pesebre armado por nuestros sueños, en donde poníamos nuestra esperanza hecha pieza de belén, pequeño frágil y manoseado, pero no encerrado en ningún shopping o promoción ni propaganda barata.
Un pesebre sin violencia, con la paz de los que se aman en el niño que nos renueva si le dejamos expuesto nuestro corazón, donde se caen los tiempos y amanecen los instantes de Dios.

Espiritualidad encarnada inconvenientes velocidad vertigo

En estos tiempos de tanta velocidad cuesta detenerse y percibirse y mucho más preguntarse ¿Cómo esta nuestro amor?

Y acaso los silencios que hacemos tan contracturados con los hacerse de la vida que pareciera que cuanto más hacemos más importantes o útiles nos sentimos, o también nos sucede que cuantos más cosas concretamos en nuestra agenda más relevancia tomaremos en la vida.

Hace falta detenernos y percibirnos en la gratuidad, en el sin utilidad aparente que tanto pregona este mundo posmoderno que muchas veces vive de los resultados de lo que el sistema considera útil sino lo descarta o lo posterga en el desván de lo raro, de lo distinto ya que le tiene miedo al encuentro de lo creativo.

Por este pequeño relato que sería demasiado amplio desarrollar, nos asomamos a lo complejo que significa estar ante nosotros mismos y sobre todo ante Dios que nos invita a sanarnos con su Amor sin ningún tipo de merecimiento ni de conquista por nuestra parte, simplemente con el corazón abierto y desnudo.

Primer y espontaneo movimiento del hacer de Dios, hacer de la gratuidad y misericordia de la entrega del hijo en donde no hay explicaciones ni resultados sino simplemente transformación y entrega amorosa.

Nuestro amor entonces es nuestro amor en el hijo (den gratis lo que han recibido gratis), pero también nuestro en la libertad de nuestros pasos, en las elecciones cotidianas que vamos tomando. También en esa constante salida que hacemos de nosotros mismos cuando nos precipitamos más allá de nuestro tan querido y ponderado ombligo y nos hacemos encuentro, posibilidad y acogida,

Sanamos entonces desde la ternura del hijo en que transformamos nuestra ternura, en la instancia en que la Madre teresa nos sugería, en el dar hasta que nos duela, pero no por el dolor en si (seria terrible) sino por el proceso doloroso pero luego gratificante de salir una y otra vez de los procesos ombliguistas (egoístas).

Sanamos entonces cuando amamos incondicionalmente en el Hijo hecho carne y como Pueblo de Dios en el que nos sanamos comunitariamente y no en una suerte de salva tu alma y observa desde tu pedestal como los otros se condenan.

Sanamos cuando nos hacemos cargo del dolor y la pobreza de los más necesitados, pero sin mirarlos desde arriba, desde una postura de mera beneficencia sino dando todo lo que tenemos como la viuda del Evangelio.

Sanamos cuando nos detenemos y nos preguntamos cómo esta nuestro amor y ya no nos detenemos en las culpas golpeándonos el pecho de nuestra hipocresía para calmar nuestra conciencia y dar lo que nos sobra.

Sanamos cuando nos damos, cuando nos hacemos mano, gesto y pagamos todo para la atención del enfermo como el samaritano y esto nos hace libres, para si en este detenernos sentirnos amados por el mismo Señor que camina con nosotros y desde nosotros, pobremente entre los pobres mirando una y otra vez nuestra propia pobreza.

Espiritualidad encarnada inconvenientes violencia

Siguen los poderosos hablando con su violencia
Así es que el absurdo manotazo firme de los que quieren imponerse busca en los otros las armas para justificar lo indecible.
Violencia en la raíz de los hombre, palabra sin palabra que quiere mostrar nuestra impotencia la de cada uno..
Violencia de la economía que mata silenciosamente en los sin vos.
Tantas veces en las pequeñas cosas matamos al prójimo, próximo.
Lenguaje sin lenguaje de los necios o de los sabedores de técnicas y tecnologías para la muerte.
Se sigue haciendo silencio, se otorga se lo ve por Tv 15 horas por día como el gran hermano real para alimentarnos de miedo y de impotencia sugiriéndonos armarnos o rodearnos de un espacio seguro cuando puedes acceder a ello.
Se hace violencia también con esa solapada colonización de la estupidez, distrayéndonos con programas que nos queman la cultura y nos aíslan de las necesidades profundas del Pueblo.
Donde está tu ternura mujer, varón o acaso has perdido tu más profundo silencio entrometiéndolo entre el vértigo y los chismes de la carne humana, pregonando la ignorancia para someter a los desposeídos.
Así es que sos una sombra entonces poderoso, no tendrás paz, solamente la seducción que te da el vértigo y la muerte o la irritación que causa el piedrazo o la represión que se irán contigo algún día al aguijón de la muerte por la muerte.
El lenguaje de la ternura y la compasión amanece en los pequeños y

simples hombres de la escucha.
La calidez de los que entre las cenizas crean encuentro calladamente esperando desde el ocaso aparente la verdadera revolución de la ternura.
En ellos, los diferentes acontece el remanso de los amores en el Amor...

Espiritualidad encarnada. La urgencia del amor

La locura del amor amaina las mareas de opulencia e insensatez y las tantas elucubraciones éticas y moralinas de los que especulan entre las sombras.
E aquí al Hijo en la tierra de la muerte, entregado por amor absoluto, bailoteando en nuestras fragilidades con su beso sagrado, lejos de las fiestas de mercado y de los hedores de la guerra. En un crepúsculo sus manos se vistieron de impotencia para experimentar nuestras oquedades.
Hosanna al Hijo de David, Hosannas también de la hipocresía o de los que quieren ocultar el Misterio al Pueblo sencillo, que cuelan pequeñas y efímeras verdades y se tragan su propio no amor en una muerte segura.
Hosanna de los enfermos con sus llagas abiertas a una lagrima que se les desliza por su piel abierta y herida
De los marginados puestos en la cruz de sus postergaciones que los pies aparentemente limpios les han regalado envuelto en el celofán de sus perfumes.
Estarían tras de ti Hombre los ojos de los niños y de las niñas que aplastaban en palestina y de los que padecen y pagan los descalabraos de las bolsas de los dioses pequeños wall Street y todas las yerbas de los que gobierna y matan con los mecanismos del espanto financiero.
El peso de tu anonadarse por amor, cuando te sacaste todos los títulos que los antropomorfismos te han puesto o los pedestales que te han erigido como el becerro de los israelitas, cuando Moisés se hizo en la montaña.
Es la hora del Hijo en los corazones ocultos de la Iglesia que siente en su carne que no triunfa en nada y traspasa todo.
Me dejo llevar, te llevo en un beso de lo eterno y en una lágrima frágil en la misma herida de los Pueblos
Aquí tienes a Jesús el Nazareno, abrázalo en tus debilidades y será tu día o tu ocaso pero podras sentirlo en la profundidad del encuentro de un Dios que no se ausenta de la historia humana sino que acontece en esa misma historia.

Espiritualidad encarnada   el Amor

Nuestra identidad profunda y real es el Amor
Los pobres nos muestran el corazón de la revolución, lugar sin lugar de entrega incondicional, ellos saben de la puesta del sol y del amanecer frio que desnuda su dolor que se hace puerta para mi piel, para la tuya para los Pueblos abiertos al asombro.

Los pobres son la revolución que se hace cañón de amor sobre este mundo globalizado que se ha ensimismado sobre si y que dispone en la mano de unos pocos los sistemas de marginación y desigualdad, la explotación y los trabajos esclavos.

El amor molesta, te pierde en la entrega acumula carbones encendidos sobre los enemigos y hace un giro sobre tu ser para despertarlo y sacudirlo entre lágrimas de alegría.
El amor que es la revolución tierna, esconde su mano cálida que se entromete con los emprendimientos meramente calculadores que nuestro pueblo sencillo sacude entre sus manos y hace nacer aves que desvían las garras de los creídos omnipotentes de siempre y se dan en nuevo vuelo, una nueva pausa en el amor que se había precipitado y dejado de ser silencio.
El amor no desliza fundamentalismos ni engendra el miedo es una lluvia suave que impregna el suelo de tu entrega
En tu corazón está la revolución de la vida de la naciente esperanza en su totalidad y no en las miradas parciales ni en las puestas mediáticas que nos dibujan realidades virtuales que nos catapultan a dioses de plástico y marketing.
No importa que te digan o que dirán, siempre estará en tu mano la posibilidad de nacer y de hacer nacer, de posibilitar que se bueno para el otro aun cediendo dolorosamente a el espiral del egoísmo.

Nuestra identidad más profunda es el Amor y de ahí devenimos espontaneidad en la entrega…

Ármense los unos a los otros así como Yo los he amado….

Espiritualidad encarnada memoria del amor

Las memorias del amor en nuestra historia nos permiten trascender la vida para insertarnos en el ámbito de lo eterno, pero nos ayudan a vivir esta vida cotidiana esta realidad presente en donde acontece ya el reino de los cielos que proclama Jesús.
Todos aquellos momentos o instantes en que experimentamos realmente y profundamente ese cielo que está en nosotros, son como esas gotas de eternidad que vamos por así decirlo atisbando.
En estos espacios que no tienen espacio, en este lugar sin lugar acontece el presente real de nuestra existencia creada para la felicidad y querida por la ternura de Jesús para darse como comida para los mas pequeños, para los descartados y ninguneados del sistema.
Podríamos decir que el cielo está entre nosotros con certeza, pero no como algo etéreo, o que tenemos que esperar sino en la proximidad de nuestro amor en el otro, del otro en mi.

Pero un montón de otras cosas pequeñas o frívolas y aun nuestra propia mente o ego mentiroso nos alejan, no nos dejan pisarlo y fundirnos con esta realidad, nos separan y hacen oscuro el encuentro, la mano tendida, la solidaridad. Es el Sistema de la oscuridad, la globalización de la indiferencia y aun de la violencia que somos capases desde el desamor.

Sería decir maravillosamente que solo somos nosotros mismos cuando amamos , cuando hacemos memoria viva de ese amor que no se queda en un recuerdo del pasado, sino que se hace presente en la celebración de nuestro instante cuando nos celebramos encuentro.
Son tantas las veces que no nos permitimos disfrutar de este celebrar la vida que nos ocultamos en nuestras agendas, rencores, lo que nos divide o lo que nos despersonaliza.

La larga fila de caretas o tatuajes que intentamos encajar en nuestra identidad y que a la larga se caen o se borran van a parar junto a otros rostros sin rostro que solo son capaces de infelicidad.

Nuestra identidad más profunda es el amor y ahí se encarno nuestro Señor o si no lo creo simplemente creamos en nuestro amor, en nuestra utopía cumplida.
La revolución necesaria y constante nace y se recrea acá y es su punto fundamental.

La revolución del amor o de la ternura es lo que nos permitirá surgir como Pueblo amado de Dios.

Una espiritualidad encarnada y Mundo

Mundo en el sentido peyorativo como lo va a tomar en el evangelio de Juan, no asi el mundo creado que en si es bello y armónico hasta que la mano del hombre lo ensucia y corrompe.

Un mundo marcado por el vértigo y la velocidad, por el hacer cosas y esto como medio de asentar nuestra personalidad o ser más profundo. Sabiendo que esto solamente nos mantiene en la periferia de nuestro ser más profundo, o espiritual o del corazón.

Un mundo marcado y condicionado por los medios que generalmente tienen un tono apocalíptico y de repetición de imágenes que llegan a grabarse para uno auto generarse una imagen de lo real cuando es parcial y malintencionada.

En este mismo contexto de la información se va desde este polo nefasto a otro que constantemente se pronuncia sobre la frivolidad o el consumo que lega también a dañar nuestros sectores mas íntimos generándoles una necesidad de felicidad, por supuesto pasajera por la nueva compra, o la seudo cultura del cuerpo, o la sobre dimensión de la tecnología. Por supuesto que todo sobre lo humano y no para lo humano…

Un mundo marcado por los mercados, donde los ánimos fluctúan entre cotizaciones y suba y baja de bolsas mientras la vida profunda es separado de su esencial mirada. De esta manera también una pérdida de conciencia del hermano y de los pueblos que siguen postergados en nombre de la civilización en detrimento de las culturas ancestrales para que solo se conviertan en espacios de museo para una nueva entrada monetaria de unos pocos. Mercados omnipresentes que hasta gobiernan los pueblos y los sumergen en la peor no ya pobreza sino des humanización del mismo Dios..

Un mundo también estereotipado en los éxitos efímeros. Mascaradas de todo tipo nos seducen para obtener la victoria o la felicidad tan deseada y endeudada de un crédito de por vida en que se transforma nuestra mas profunda identidad en un bien de consumo…

En definitiva un mundo que nos condiciona y nos saca de nuestro ser mas profundo, el lugar sin lugar en donde me encuentro a mi mismo y por lo tanto me conozco y acepto en el delicado desenlace de mi silencio el silencio de la mente..

Un mundo del que tengo que tomar conciencia, al cual pertenezco pero que en el Señor Jesús en esa intimidad que se hace comunidad y necesidad del amor de ser comunicada como buena noticia…..

Espiritualidad encarnada viralizando el amor

Si nos sumergiéramos en el sin saber, que paradojicamente es saber, encontrar en la aventura suave y lenta que construimos con cada historia nuestra propia vida insertada en un pueblo que camina su hacer desde el amor entonces aprenderíamos a viralizar el amor.

Estamos viralizando en demasía la estupidez que nos arrecia y acorrala en una cultura de la mediocridad, distrayéndonos cada vez más de la profundidad o de aquellas instancias esenciales que nos trascienden y nos coloca esta pseudo verdad en la superficie de las cosas idiotizando la existencia, asi haciéndonos serviles al sistema que nos manipula desde ese gran hermano que lo controla todo y nos absuelve en su confesionario anesteciador.

Muchos medios agudizan la mediocridad y otros avivan los resortes de la oscuridad de los seres humanos, hasta impulsar deseos de muerte por la muerte y festejarlo, incluso desearlo para los pecadores poniendo a otros en un balcón de pureza e impunidad donde la hoy promulgada pos verdad se impone. Estamos transitando en estos tiempos una cultura de la mentira ya instituida y precipitada al podio de lo real.

Y acaso cuando nos acontece el amanecer, lo dejemos deslizar por lo común e industrializado del sistema que ya no despierta nada sino el mero efecto especial que nos alucina y nos balancea a una inhumanidad hoy que lo fotografía todo, perdiéndose lo esencial de esa celebración de la vida que nos perdemos por la rapidez de una vida vista atravez de un celular o

una cámara, dejando asi que nuestros ojos sean mera tecnología y no la mirada irrepetible de nuestro corazón.
Lluvia de velocidad, información de información sobre los techos de los corazones hasta denostarlos de latido y despojarlos de aquel hálito que nos hace humanos, ese soplo que nos ha sido dado para ser libres y deslizarnos por la vida con ternura para con el otro.
Tormentas que nos acaecen olvido entre tantos llamados inmediatos que no comunican sino tan solo des encuentran en una fuga de las caricias, de las ternuras que nos pertenecen y lentamente vamos postergando o sepultando con nuestra humanidad, donde los noños ya no besan sino ponen la cabeza.

Convocación a la violencia en las relaciones cada vez más vertiginosas que devienen en incomprensión, desencuentro y falta de escucha,
Un no dialogo o acaso dialogo sordo donde se escucha aparentemente y se sigue con la suya, la verdad que es poseída como una dios personal y subjetiva a mi gusto, cuando la verdad es acontecer de una sinfonía en la cual estamos incluidos todas y todos.
Si acaso viralizaramos el Amor y tildaríamos me gusta animándonos a exponernos a mensajes profundos o quizás dejamos que lo pequeño y fugaz nos deslice una bofetada calma momentos, artificial y pasajera.
Llovería entonces ternura sobre los silencios que hacemos cuando le damos lugar al nosotros y al encuentro del distinto.

Una espiritualidad pobre encarnada que ora.

Orar desde la fragilidad es la fuente de la pobreza interior, esa sencillez con la que abrazamos la vida y recibimos el mensaje hecho carne del reino de Dios, el proyecto fundamental de Jesús el Galileo y sobre todo sus tres ocupaciones fundamentales la salud, la comida(que coman en comunidad) y las relaciones entre las personas.
Del aparente ocaso o la extrema debilidad reconocida surge la luz de la Pascua de Dios, Pascua de los hombres y mujeres ahora hecha realidad en la vida cotidiana, encarnacion de la oración hecha mano, puente y silencio.
El inicio de este sendero, este modo pobre de vivir, este estilo despojado de demasiadas cosas, el estilo de Jesús es la desnudez propia del que empieza todos los días y no tiene sus baluartes en pequeñas seguridades, es

el desierto de los que se asoman a un camino sin demasiadas pistas, tan solo la presencia oculta del que nos acompaña en el camino.(Emaus). Silencio de los pobres que no entienden al modo de los letrados sino al modo como conocen los poetas, que se sienten en lo esencial solos pero en ese espacio vislumbran los senderos de entre las montañas sinuosas. Donde ninguna palabra cobra sentido y sin embargo es el lugar de la palabra sin precedentes, el verbo hecho carne que nace dentro de su pueblo de cada uno de nosotros, la única palabra pronunciada por el Padre a sus hijos Jesús.

Orar desde el barro nos humaniza, nos hace ternura, beso suave y silencio, esa es la vasija en la que el Padre mejor muestra su ternura pobre, tan pobre como su Hijo despojado en la Cruz o en el frágil pesebre de belén donde todavía acontece el olor a pesebre.
Una espiritualidad pobre entonces nos acontece en un mundo de no reconocimientos, nos precipita a un no-entendimiento del mundo como lo concibe Juan) mundano) y a la larga nos hace distintos y no miembros de una uniformidad despersonalizante, un sistema perverso que vende caretas vaciás de aliento.
Una espiritualidad pobre nos humaniza, nos consagra amorosamente si equipajes en la liberación de los Pueblos de Dios.

Vida interior espiritualidad encarnada

La vida interior puede hacerse un mero egoísmo cuando es puertas adentro, ser una entrada en nuestro ombligo interno y quedarse como un fantasma en un mero calma conciencia que solo satisface su ego mayor y queda encerrada de esta manera en su autorreferencial.
Una interioridad egoica no me introduce ni conduce a la realidad que es oración encarnada y cotidiana, que se hace cargo de los acontecimientos presentes y desciende a los conflictos, no pasa de lado como escriba o fariseo, desciende a lo más profundo del barro propio y ante todo del otro para hacerse cargo de toda la situación por más comprometida que aparezca, justamente el involucrarse es un signo claro que nuestra oración se encarna.
La soledad interior es fuente de fecundidad, ella se hace mano, entrega y obras, genera encuentro generoso entre las personas por aquello de donde hay dos o más reunidos en mí nombre estoy en medio y genero

comunidad, pueblo de Dios, Iglesia en la periferia.
No esa alejada iglesia de lo cotidiano donde las mujeres y varones viven entre luces y sombras en lo diario trabajan y se desvelan por sus familias y no tienen tiempo para balancearse entre ritos que cada vez se vacían más de la cultura cotidiana y presente de los pueblos amados por el Hijo donde lo cultual muchas veces acontece en el enfermo que esta solo o el distinto que es marginado. No proponemos por supuesto que no se celebre, todo lo contrario que la celebración tenga que ver con la vida y confluya en ella toda una vivencia de la realidad encarnada del verbo.
La vida interior entonces se traduce en envío amoroso sobre todo a los más pequeños y descartados por el sistema, por ello no se desentiende de las problemáticas sociales y las injusticias que se cometen a diario. Desde el interior entonces se hace exterioridad consiente y en serenidad respirada se conduce por la vida con quietud y sabiduría, aportando a la humanidad más humanidad hoy tan ausente paradójicamente del corazón humano al que pareciera mas acercarse al mundo robótico que a la ternura y comprensión humana.
En estos tiempos vertiginosos sin silencios necesitamos que acontezca el detenerse. Para ser sensibles con el conocimiento qué nos da el amor, la oración es amor pero que se encarna en las problemáticas actuales sin dejar que ellas nos sobrepasen y nos dejen sin esperanza o la salida desde la escucha y el silencio tan necesarias hoy en un sistema frívolo donde la competencia y el poseer son las bailarinas de turno. Espacio para detenerse es lo que hemos abandonado, como la caricia del viento, el fogón amigo donde el encuentro era como el fuego fluctuaba y se renovaba constantemente en un intercambio creativo que creaba espacios de juego, lúdicos momentos donde no importan las horas, los segundos. Donde la gratuidad surge en la conciencia de un Dios que nos ama profundamente en la ternura de su Hijo Jesús.Tenemos que Crear una cultura del encuentro dejando que el otro sea otro, sea el mismo. El reflejo real de su amor que se profundice en el Jesús de la ternura que acompaña, no desde la opresión o sometimiento sino desde el delicado beso de Dios sobre su Pueblo amado.
Cultura que es la esencia misma de lo humano que se ha perdido en nombre del progreso o la ciencia por la ciencia de una agrandada y falseada comunicación de los medios que incomunica, que no atrae sino distrae terriblemente de una vida que se hace capaz de asombro y creatividad.

Solo el amor nos salva. El disfraz de este mundo qué piensa tener todo bien controlado se cae como careta virtual del olvido.
Palabra el amor tan manoseado y manipulado o reducido a un intercambio de pasiones descontroladas que solo tienen una comunicación agresiva y absorbente, destructiva y posesiva que mata toda ternura y encuentro, el beso que absorbe que no besa cediendo.
El que ama es sabio conoce amando, es crítico con todo el aparato mediático del amor barato y de plástico cuidado con creernos todo tengamos nuestra mirada amorosa hecha carne en el Hijo amado del padre que se encarna en nuestras manos cuando nos hacemos entrega, oración encarnada en la realidad.

La vida interior crea una vida profunda que se arraiga en una comunidad, no es una solitaria instancia que mira su ombligo ni un ser volcado hacía el afuera
La vida interior engendra paciencia, Esperanza y renovado amor.
Se hace capaz de crear una cultura del encuentro donde el otro es otro, donde la mediocridad va dando paso a lo creativo, al asombro cotidiano al dialogo con el otro.
Este sistema antihumano de hoy vive produciendo depresiones y vacíos aún con sus variadas ofertas de Felicidad. Debemos salir de este sistema macabro y hambriento de corazones que no nos permite vislumbrar nuestra maravilla a los ojos tiernos y amantes de Jesús que nos sana con su presencia mas interior que nuestra interioridad,

Sanamos con nuestro amor cuando nos hacemos cargo del otro y lo recibimos con ternura sin prejuicios. El amor de Jesús es la fuente de toda curación. Pongamos nuestras heridas en sus manos y las de los trabajadores de todos los oficios. Sanamos entonces con la ternura ante este mundo cada vez más inhumano que necesita hoy más que nunca de un amor entregado y generoso.

Una espiritualidad real no se detiene en la cabeza sino que desciende al corazón. Es con el amor que conoce las cosas de Jesús
La interioridad entonces es fecunda se hace mano, puente y encuentro y se precipita en el otro, nos hacemos samaritanos deteniéndonos ante todo caído.

No hay humanidad real sin vida interior sin encontrarnos con nuestra esencia.
Este mundo de hoy vive volcado hacia afuera no toma conciencia de su interioridad, entonces se precipita a la violencia y búsqueda de poder, dinero que aparentemente llenen el vacío que lo tiene sujeto y se mueve como un homo consumo no como un ser profundamente amado en el hijo, Jesús el galileo.

Una espiritualidad no es fuga, acontece en la vida cotidiana y se da en un hoy con sus luces y sombras
El pasado nos deprime y el futuro nos ilusiona tenemos que esta ahora.
No hay verdadera interioridad si no termina en el otro.

La vida interior puede hacerse un mero egoísmo cuando es puertas adentro. La soledad es una fuente de fecundidad ella se hace mano, entrega y obras no se encierra en sí misma ni hace pietismo para autoabastecerse de una aparente espiritualidad.

La vida interior entonces se traduce en envío amoroso sobre todo a los más, a pequeños y descartados por el sistema, a todos aquellos que viven marginados por el mismo.

Jesús mismo se hizo al encarnarse uno con todos los descartados y empobrecidos del mundo.

Espiritualidad encarnada en tu ahora......

Estarse

Quién podrá estarse en este remanso sin horas?

La tenue compañera de la brisa dejando en blancos todo lo que se es, imprimiendo en tu cara el eterno manotazo de las sombras.

No hay pasado que acorrale tu espacio, el nuestro. Nuestros espacios de grises que no existen, han perdido su cara en el desvío incierto de tus soledades, las mías.

No hay futuro

que eclipse tu mente, adormeciéndola de pesares que aun no son esos viejos y nuevos fantasmas ,que solemos inventarnos en los inviernos.

Todo es nuevo, cuando los colores engendran matices, después de que las nubes despiertan a las sombras de los ancestros.

Podrá verte, verme, hombre suburbano en este estarse, o es el vértigo crisol de donde sacamos nuestra esencia?

Si hasta cuando no tengamos otra que el reposo inventaremos con nuestras maravillosas muertes otros aceres, destronando al corazón, sus sangres.

Dejémonos estar en estos azules hombre, para esto estamos hechos.

Estamos hechos del rocío en la mañana, somos arrollo

lago inmenso y sin embargo seguimos manoteando lo pequeño.

Porque no nos estamos.

Somos silencio ahora de los arboles irrepetibles, somos montaña, nieve fresca, tierno encuentro desde el remanso de nuestro mas hondo silencio.

Donde un abismo se asoma a otro abismo.

Donde el ocaso despierta este estarse, donde nos hacemos solidarios con los rostros, amante, silencio, algo nuevo.

Espiritualidad Encarnada Humanos en una cultura del encuentro

Tan humanos como Jesús…

El hombre, lo humano hoy se desencuentra todo en un vendaval de aparentes comunicaciones (vendaval de información), se desvanecen los reales encuentros entre el vértigo y el manotazo del consumo.
Lo humano corre a desvanecerse y va perdiendo asi el misterio, esa puerta a lo indecible que no podemos controlar ya se empieza a serrar.
El majestuoso asombro del niño se transforma en una producción de lanzamientos de personajes que llegan a figuras por la producción, como meros productos famosos del mercado.
La frívola mordedura de lo plástico pareciera deslumbrarnos, sin embargo carece de misterio de aproximación de proximidad, se pierde en los

corazones confusos pastizal de las manipulaciones.
Entonces el próximo (prójimo) se diluye en la novedad pasajera y pasamos al siguiente como a un recambio de lo novedad por la novedoso, donde lo humano desaparece en pro del resultado o de la tecnología, meterse en la fotito mientras me pierdo el partido (futbol) apasionante, diluyo en el celular mi oportunidad de encontrarme con el otro, con el irrepetible e inllevable de mi experiencia la tuya.
Lo humano esencial se va desvirtuando en el show de la vida, en el supermercado de la existencia de los aparentes encuentros que nos dejan anónimos entre las calles del olvido, producto bien elucubrado en los talleres del capitalismo salvaje del semihombre mercado (homo consumo)
El otro, la alteridad que nos realiza cuando nos salimos de nosotros mismos, cuando dislocamos el espiral del egoísmo cuando nos hacemos consientes del amor como única realización se ve comprometida en la liturgia del shopping, celebración de inseguridades que calman su desidia en la nueva compra de los que pueden y más vertiginosamente se abalanzan.
La egoica silueta de este mundo posmoderno se nos permea hasta el tuétano y hace que el otro ya no sea el mismo , por supuesto que yo también no sea el que soy, que los pueblos no sean ellos mismos solo identidad perdida sino adquiriendo una serie de mascaritas para el momento, para la realización aparente del ya
Tiempos de despersonalización, sin embargo tiempos también de profunda identidad emergente en donde el abismo nos sitúa en una nueva esperanza, el surgimiento de frescas brisas que fueron cayendo por la filosas piedras de la oscuridad para hacerse luz real en los sencillos, el humano sentipensante que palpa el amor como realización profunda.
Humanos tan humanos como Jesús…

Espiritualidad encarnada volver a Jesús

Hasta donde se destrozan los corazones de los pueblos, hasta donde algunos manejan los sistemas que creen poseer en el vendaval inconexo de sus búsquedas de riqueza o de guerra para una nueva sangre riqueza que los Señores de la oscuridad empoderan.

Ruedan en esos desconciertos los rostros amanecidos de los pequeños que aunque parezca nunca acallan sus manitas…

Quien gobierna sino un billete desleal a si mismo, pura materialidad que se diluirá cuando a cada uno nos acontezca la pesada muerte solo quedaran nuestros amores, solo ellos nos salvaran de la soledad mas infernal que ya se da en esta vida..

Sigamos, sigamos exhibiendo, probando y mostrando nuestra maravillosa maquinaria de muerte, nuestros perfectt…del llame ya…No vez aquel dulce niño jugando en el rio tiene elcielo…

Como si esto fuera poco tener miedo de vivir, escondete en algún refugio bien decorado por las luminarias que podemos construir con nuestras maravillosas ciencias o nuestras estilizaciones plásticas y se feliz, llama ya de nuevo que lo obtienes.

Donde esta ese niño que tenes que recuperar, aquel que vive ahora en la vida y juega con los barquitos en el charco de su océanos eternos.

Solo la compasión cuando la despertemos puede sacudirnos y hacernos mas humanos no divinos eso no lo podemos..

Humanos tan humanos como Jesús de Nazaret que hasta de su humanidad nos hemos librado para sostener un Dios manipulable que nos proporciona seguridades que pulula en los altares de todas las religiones y en nombre de dios se balancean los poderes y genocidios mas terribles.

Volver a Jesus ternura del Padre pobre entre los pobres.

Habrá que volver a Jesús
Los niños pueden enseñar tanto de esto.
La cobarde virtualidad permite deslizarnos hacia el régimen nefasto del sufrimiento del otro.
en su tecnología de superación y esclava compra.
Ese sistema bien elucubrado para tomarnos y llevarnos al éter de la nauseabunda cobardía.
La mentira se instala y se inyecta en la piel de la nueva humanidad controlada.
Cuánto dolor del que somos capaces, que fácil y mediático destruirnos en

la virtualidad esperando que el juego despierte a la realidad de la violencia o las guerras que producimos, para vender más y para vender más.
Habrá que comunicarse sin causar pesar.
Habrá que decir sin odio y deslizarse por el sueño del amor real
Habrá que volver a la ternura, a la mirada que no mata.
Habrá que despertar lo humano que es divino, nuevamente, dejarlo nacer y procrear esos lazos de encuentro que nos pertenecen.
Habrá que despertar la luz desde el sonido de la plegaria de los sencillos y de los diferentes.
Habrá que devolvernos la misericordia el abrazo, la no virtualidad del Amor que nos trasciende
Habrá que volver a Dios
Habrá que volver a Jesús
Que todos sean uno Padre, así como tú y yo somos uno
Los niños pueden enseñar tanto de esto.

Espiritualidad encarnada volver a los niños

Cuando los niños nos gobiernen acontecerá el cielo real.
Cuando las palabras dejen de surgir desde la oscuridad, cuando dejemos que acontezca la palabra encarnada en la ternura.
Cuando dejemos de proteger las trincheras errantes de los que no escuchan o el egoísmo se despoje de toda su parafernalia mentira.
Cuando el poder se desnude y se fragilice, de cuenta que no es sin el otro y se deje entrelazar por el amor que lo hace servicio.
Dignidad de los pueblos aplastados entre tantas y tantas ostentaciones….
Los niños se levantan de estos oscuros
Se dan en la aparente muerte
Se les sonríen en el juego de sus triunfos.
Desde las serpeadas laderas del olvido suelen enquistarse algunos druidas prometedores de amanecer inmediato.
Grandes luminarias plásticas sobre el ocaso de tus pesadillas o de tus secreciones,
El no ocaso del nacimiento de lo oscuro.
El bostezo inerte de un ave negra irrumpe sobre los cuerpos de los pequeños dejándolos casi en los abismos.
Los martillazos bien decorados de tecnología recrudecen la muerte por la

muerte.
Aun desde mis ocasos y los tuyos suelo verlos.
Desde el silencio de las horas simples, como erguidos caballeros ficticiamente limpios, su ética así lo arenga en sus acarameladas democracias.
Vanagloriando como estandarte sus armas, hasta sus desfiles apestan.
Hasta sus viajes al espacio mientras hay un cuerpecito en la playa.
La no poesía se da cita en el caos, que se brota y produce útiles sistemas de control y discriminación.
Creadores de desigualdad y de estadísticas.
Nuevos leprosos a los que hay que temer.
Nuevos revolucionarios a los que hay que desaparecer a través de la mediocre rueda de la aparente comunicación.
Comunicando solo virtuales realidades que cotizan en bolsa con la mentira y la hipocresía de los que creen estar por arriba.
Seguidores de la oscuridad, reyes de los oscuros sutilmente se despiertan entre las calles ofreciendo sus productos para tomar nuestros espíritus.
Las palabras secas y duras erosionan en las cabezas de los débiles tomando sus sentires, sus pequeños mundos.
Ocasos de giros en el espiral que se centra en el propio mundito infecto ya de placeres efímeros.
Desde los ocasos.
Ocasos que no son ocasos sino fulgores muertos.
Los niños se levantan de estos oscuros
Se dan en la aparente muerte
Se les sonríen en el juego de sus aparentes triunfos.son en definitiva los mimados por jesus porque sabe que ellos ya poseen el Reino, el proyecto fundamental del Hijo.

Espiritualidad encarnada Alegría

Estén Alegres

Cuando en este mundo el hombre sigue proliferando en su elección de alegrías pequeñas, que un día lo sostienen y al otro corren a diluirse por el engranaje que las nefasto q de ue las hacia perdurar en el show en que tantas veces se transforma la vida.
La alegría pasajera sostenida las más de las veces en las cosas materiales

que una y otra vez codifican al hombre, lo reducen a un mero impulso de lo novedoso. Cuando lo novedoso esta en la sencillez de lo cotidiano sin embargo esta alegria se diluye en lo plastico de la diversion de la distraccion por la distraccion que luego lo sumerge en la mas profunda angustia, la de su infelicidad.
Y cuando el hombre no esta alegre empieza a desviar su mirada hacia afuera, comienza a descargar su impotencia y desviarla en los demás. Afuera esta el problema, el otro tiene la culpa de lo que yo con cobardía nunca me he animado a atisbar desde mi terraza de sentimientos y emociones que no estan en paz.

La alegría más profunda y menos contingente proviene desde nuestra asumida y sencilla y honesta fragilidad ,desnuda ante el Señor de la vida que lo aropa todo con su calor amoroso.
La alegría de Jesús provenía de estar en las cosas del Padre, de sentirse entrega total y desinteresada, de exponerse a amar y ser amado.
El mundo esta pasando la "alegría" por el vértigo, la velocidad es el escapismo inconsciente que la alimenta, para que así el hombre pierda la capacidad de asomarse a si mismo y se diluya en el concierto de estereotipos en el vendaval de pequeñas y egoistas verdades egoistas.

La alegría del Señor de la paz le viene de su pobreza, de su aparente fragilidad se amanece en alegría de un Pueblo sencillamente feliz ya que es capaza de amar y sentirce amado.

La alegría mas profunda y menos precaria proviene desde nuestra fragilidad asumida y desnuda ante el Señor de la vida. En definitiva saberse en el centro de nuestro corazón amado por Jesús como fuente fundan-te de nuestra existencia suave y que contagia sin proponerselo desde la espontaneidad de la alegría del Evangelio, la buena noticia de Jesús.
La alegría de Jesús provenía de estar en las cosas del Padre y de involucrarse sobre todo con los mas necesitados y descartados del sistema, de sentirse entrega total y desinteresada, de exponerse a amar y ser amado a romper los techos y superar nuestros limites con su camilla hospitalaria.
El mundo está pasando constantemente de la "alegría" por el vértigo, la velocidad es el escapismo inconsciente que la alimenta, para que así el hombre pierda la capacidad de asomarse a si mismo y se diluya en el concierto de estereotipos.

La alegría del Señor de la paz le viene de su pobreza, de su aparente fragilidad en un pequeño pesebre olvidado, ahí en ese lugar surge la fortaleza de su personalidad y no en las caretas que le ofrecía la vida y la que hoy nos ofrece este sistema de nuevas colonizaciones mediocres.
La alegría de la mujer que sabía que una espada atravesaría su corazón y sin embargo asumio la historia que luego devino en el acontecimientos mas maravilloso y bello de todos los tiempos la misma humanidad de Jesús.
Parecería de locos y tan ajeno a la reflexión del mundo actual que a través de la mediación de la crisis se da la vida profunda.
El niño nacerá sumergido en el dolor de su pueblo pobre postergado en el pasado y en el futuro pero se hará esperanza limpia para los que esperan y asumen este cielo ya pero todavía no.

Esperanza

La esperanza real surge del abismo donde es llamado otro abismo a resistir con la ternura y en comunidad haciendo de los espacios un lugar donde otros puede recostarse a descansar después del trajinado dia de angustia. En ese espacio donde no querés estar ni escuchar a nadie ni nada, hasta en donde los sueños se han apagado abandonando sus mismos sabores y maniatando de las sombras solo los recuerdos que te eclipsan y te vuelven a hacer caer en un letargo de muerte real , la muerte en vida el sin salida de la desesperanza, la oscuridad que los sistemas de plástico ponen a nuestra disponibilidad para ensombrecernos mas y abandonarnos.
Los Pueblos acontecen profundos en estos abismos tortuosos y paradogicamente acá engendran su única respuesta el amor y la resistencia de la ternura. La esperanza es esa Señora celestial que te precipita a lo imposible, que te dice de esto se sale, que te dice que te quiero así como estas, para la vida para crear, asombrar y molestar con tu amor de humanidad.
La esperanza es ese delicado romance que te permite expiar las culpas que te inventaste en una suerte de sortija que sacaste de aquella calesita olvidada de los poderosos que se ocuparon de generar nos culpa y sufrimiento. Incluso hasta la religion por la religion nos hace sentir pena de nosotros.
La esperanza es real no es la ilusión de los escapes de las pequeñas mal llamadas esperanzas plásticas o de celular hipnotice.

Desde las oquedades que son necesarias se planta una nueva semilla que escribe sobre tu historia y esta se ve abarrotada por los que te quieren y es desde ellos de donde nace un nuevo rostro impregnado de signos de luz y se hace Pueblo de Dios concreto que comparte el dolor.

Una comunidad solidaria en el dolor

Nos haremos comunidad cuando compartamos nuestro dolor.
Cuando nuestras manos aprendan no solo a estar juntas sino se descubran las unas en las otras y se hagan cargo.
Cuando también nos hacemos capaces de llevar el alivio ante todo con nuestro amor que se desciende ante toda dolencia y desamparo, que se trasciende en todo diferente y aun raro para los sistemas de siempre.
Porque ahí es donde el Señor se hizo carne, en donde planto su morada el Emanuel) Dios con Nosotros).
Si hay algo que lo mundano necesita es de nuestro aislamiento, nos reclama como desde lo mas bajo el yo ismo al que estamos constantemente invitados para permanecer muy bien en nosotros mismos, o mas bien para que desaparezca el nosotros.
Una comunidad solidaria en el dolor no por el dolor en si mismo se hace puente fresco de las mañanas de sombra que se nos presentan.
Que nadie este solo con su padecimiento sea el que sea es una urgencia acompañarnos, es un proceso doloroso sin duda el salirnos de nuestro ego pero es para trascender nos en nuestro Pueblo de Dios dolido en la Pascua de Jesús, pascua de la Humanidad.
Descendamos una y otra vez a la crisis del otro es la trascendencia de nuestra vida lo único que nos va a realizar después de la muerte cuando se nos pregunte no si amamos, sino como lo hicimos.

Espiritualidad encarnada consolar

Consuelen a mi Pueblo.

Desde el Señorío que nos ha merecido el Señor se encarna nuestra ternura. Los mismos sentimientos y lágrimas que El derramo por su Pueblo y que hoy siguen fluyendo en nuestros ojos enamorados de ese misterio y en nuestras manos se hacen consuelo, hospitalidad y muchas veces silencio y

ante todo escucha para el que sufre sea cual sea su condición y clase social, como samaritanos descendemos al dolor y nos hacemos dolor en el otro, no desde una mirada desde afuera meramente asistencialista.
La autoridad suave y misericordiosa le venía a Jesus de su presencia, que de por si se sostenía y acontece en su entrega, la nuestra, la de un Pueblo De Dios enamorado del proyecto del Nazareno el Reino de los cielos, la comida, la salud y las relaciones entre las mujeres y varones o al decir de las organisaciones social. Trabajo, Techo y Tierra.
El era y es lo que dice (El mensaje) y aun mas era en su silencio abrumador, gestos y palabras que dicen, ya que el Es la palabra pronunciada por siempre, la única Palabra que abisma todo sentido y que tiene que abismarnos en el hermano.
Sin embargo cuantas veces nuestro Señorío proviene de títulos o poderes inventados por nuestros más refinados sistemas o producidos por nuestros oscuros egoísmos provenientes de nuestros amados ombligos, o nuestros encierros de aparente seguridad.
Cuantas veces decimos lo que no somos o carecemos de la humildad para desnudarnos y sentirnos apasionadamente sobrepasados por la gratuidad, por el misterio de no saber y ahí empezar a ser sabios, saboreadores de la vida que se da como don gratuito.
Sin duda refugio de nuestras inseguridades tan nuestras o por el Narciso que necesita ser reconocido, aplaudido para Ser o existir.
Consuela a tu Pueblo entonces desde tu fragilidad y ahí en el interior de tu aparente imposible encontraras la posibilidad de la entrega…

2 Espiritualidad Encarnada en tiempos de salvación..

Cuaresma   Tiempos de Misericordia

Estos tiempos están sedientos de Misericordia y no tanto de normas y rituales que nos mantengan seguros de nuestros logros aun aparentemente religiosos.

La misericordia, el corazón en la miseria de la persona, nos precipita una y otra vez a un camino inseguro, al modo de las seguridades hipócritas que nuestra oscuridad nos dicta eroso que los poderosos tantas veces caminan.

La incondicionalidad del amor de Dios nos descoloca, nos deja indefensos y con la desnudez propia que nos proponemos al tener los mismos sentimientos que Cristo Jesús.

La ternura se acumula sobre nuestras cabezas tan pensantes, tan de explicaciones certeras, hasta que los vaivenes de la vida nos dejan desnudos como en el comienzo y apretamos los dientes y sentimos que no tenemos nada, ahí en ese abismo de la desnudez tan humana nos sabemos, empezamos a percibirnos comunidad, encuentro creativo y gratuito.

Con el corazón en la miseria andan los sencillos que ven su realización en el otro, en la libertad de dejar ser en un mundo que cada vez se anuda mas sobre si mismo aun en silencio y sin demasiada publicidad ni prensa de ningún color andan los pequeños acumulando carbones encendidos con su amor sobre la cabeza de los enemigos.

Sin duda, la sed de misericordia no se adquiere en ningún mercado, sino que esta tan íntimamente en nosotros que la debemos dejar salir y es este un proceso doloroso ya que el amor verdadero es doloroso porque no busca su propia satisfacción.

Ya estamos cansándonos de palabras sin significado, nuestros procesos destructivos lo demuestran, las ansiedades a las que somos proclives cuando nos falta el celular nos están enviando una alerta y está en nosotros darnos cuenta que nos estamos deshumanizando.

Jesús le ofrece algo nuevo a esta mujer, no mira su pasado, mira su hoy de desnudez ante las piedras de los que aparentemente son inimputables.

Estos tiempos se sanan con nuestro amor en el Hijo despierto en su Pueblo amado, en la medida en que sigamos creyendo en esa fuerza que siempre permanece.

Estos tiempos son de inseguridad porque amar es un riesgo vital que nos precipita al otro sin condicionamientos.

Cuaresma Carnaval de los pequeños

En la fiesta del Pueblo latinoamericano, en el juego de su encuentro gratuito existe una de las tantas pócimas contra los males de este mundo. Nos permite trascender y preparar el memorial vivo del Jesús y no tansolo recordarlo haya en la historia sino hacerlo realmente presente en lo cotidiano del Pueblo de Dios en sus luces y sombras celebrarlo.
Pan cotidiano donde la memoria del Pueblo se encuentra y reconcilia desde sus heridas con la forma del perdón, la forma del amor, el nombre de Dios su misericordia.
No es el perdón puritano que no sana y se rencorea en la memoria.
No es la moralina hipócrita que gruñe una y otra vez en el odio y la respuesta de la violencia.
Es la instancia del amor que se amontona sobre la cabeza de los enemigos un amor posible no virtual e ilusorio.
En esta fiesta sencilla nos introducimos en el misterio de lo simple, la misma esencia de Dios se hace presencia en el Belén Nuevo.
La encarnación del Verbo se hace juego en el niño Dios que baila entre los platinados corazones de la pequeña caricia, o el dulce beso atardecido de azares.

Carnaval de los pequeños cuaresma de alergia.
Esperanza

En esas tardes maravillosas cuando ves el ocre sobre los árboles, aun en la tempestad que podes estar viviendo o los virtuales apocalípticas que algunos medios suelen crear. Nunca te podías imaginar en tu cerebro que

muchas veces recurre nada más que a su propuesta egoísta.
Solo pueden acceder los artistas locos, aquellos locos que inventaron el amor, esos que tenemos dentro cuando nos aventuramos a vivir creativa mente.
Libertad de los niños que te desconciertan y que caminan sobre tu pensante intelecto, diciéndote entre tus manos aquí hay un misterio que no podes vislumbrar sin la mirada sencilla y presente de ellos.
Cuando ellos nos gobiernen acontecerá el cielo real.
Los sueños son libertad, quien no quiere que su sueño despierte para derrotar a los poderosos que caerán por siempre.
Todo Dios en el sueño real de los niños, Jesús.
Todo es para todos y no para unos pocos avizoran los pequeños en el silencio de los juegos cuando acaece la creatividad.
Podrás tener grandes cruces y miles de misas, pero el ojo de Dios ve los corazones y esos no tienen puertas, los pequeños nos abrirán la puerta y solo ellos nos preguntaran como amaste sino los nombres que tenes en tus desnudas manos.
Esta es la revolución del Amor la revolución de los niños no hay otra.
Esa sencilla y oculta que va lentamente y suavemente minando los duros corazones de los que han perdido su rostro en el desván de las oscuridades e intentan instalar desde este ocaso las atrocidades contra la dignidad humana, no aquella dignidad que es proclamada desde la hipocresía de siempre
Esa revolución no tiene miedo al que mata el cuerpo porque sabe que su apoyo le viene del Señor que se hace Pueblo sencillo y habita entre nosotros.
Libertad de los niños que te desconciertan y que caminan sobre tu pensante intelecto, diciéndote entre tus manos aquí hay un misterio que no podes vislumbrar sin la mirada sencilla y presente de los niños.
Cuando ellos nos gobiernen acontecerá el cielo real.
Sera entonces cuaresma de los niños alegría real de los pueblos.

Cenizas

En la velocidad de estos tiempos que muchas veces parecen dominarnos y meternos en su sistema perverso de mediocridad o frivolidad a la que somos invitados reiteradamente o en que los valores entre comillas del

mercado o el consumo parecieran desmembrar nuestra Humanidad..
Estos mismos tiempos sin embargo son tiempos de salvación, tiempo maravilloso en donde podemos volver a lo Humano que es lugar en que lo Divino quiso morar y contagiar en nosotros sus mismos sentimientos, su misma sensibilidad amorosa por todo la ternura de lo humano que late en nosotros transformados y elevados en el misterio de la Pascua de Dios en su Hijo, pascua de Cristo en su Pueblo amado.
Es posible entonces, en Dios todo lo es detenernos y hacer silencio a todo y escucharnos, percibirnos optar por cada uno de nosotros en su Yo más profundo. Ese yo que no empieza y termina en si mismo sino que se despliega y trasciende en el amor del hijo en nuestra carne..
Desde esta realidad nos hacemos pueblo y comunidad que palpita suavemente todos los sufrimientos de los hombres y no nos quedamos en una linda Pascua sino que la hacemos cuerpo en nuestros cuerpos.
Lamentablemente muchas veces hemos deshumanizado a Dios haciéndolo casi inaccesible o teniéndolo como un calma consciencia u obrador de seguridades de plástico. Recuerda que eres polvo y al polvo volverás entonces no es arrastrarse en nuestras dolencias o tirarnos tierra para sepultar nuestra humanidad y golpearnos el pecho para castigarnos o mejor dicho ponerlo a Dios en un personaje de control y peaje de nuestras vidas..
Entrar en la Cuaresma entonces será percibir y hacer fruto para los Pueblos ese Dios que late en nuestra vida desde siempre, hacer realidad palpable aquello que tantas veces decimos. Por cristo con el y en el..

Domingo de Ramos

De aquellos verdes cotidianos de ramos vamos haciendo en el Hijo esos rojos de pasión de los pueblos postergados, desiguales y maniatados por los sistemas infernales de los dioses del poder y del dinero.
Con los ramos de gloria anticipamos la lagrima de un Dios que viene a ocultarse en su pueblo dolido de postergaciones, viene a asociarse con su dolor maniatado de explicaciones y comentarios, calumniado por las voces de los que se creen poseedores de las verdad y manejan la virtualidad de la mera información o divertimiento que distrae del Amor profundo por un amor de plástico errante.
Ahí va el Hijo tan alabado en las fiestas iníciales, mediáticas y showisadas, abandonado cuando descubren su itinerario doloroso tantas veces

incomprendido por sus mismos prójimos, por sus mismos próximos (tan cercanos y tan distantes).
Ahí va el Hijo con su dolor de pueblo amanecido de sombras pero despertando lo no esperado.
La misma vida en las puertas de los ojos pobres de los que esperan.
Los niños con ramos en las manos saben de la luz , ellos saben de la inocencia de ese hijo que quiere bajar al dolor de cada uno de sus necesitados cotidianos.
En este sueño de sombra y esperanza van las manos pobres de los que esperan algún día una palabra que ya en el silencio han escuchado.
Van los que son distintos, diferentes y no se han subido al mercado de frivolidad que se vende y se vende en un concierto inapelable de compras y mas compras en los templos y liturgias de los shoppings.
Tras la gloria se oculta la verdadera gloria de los sencillos entre lágrimas de marginaciones y con ellas construyen el reino de lo aparentemente imposible.

Cenar con Jesús. Jueves Santo

Cenar con Jesús es cenar con su misterio, humano y divino.
Cenar con su sangre, asumir su misma pasión, hacer de su dolor el nuestro el de su Pueblo.
En una anti cultura que intenta vaciar sentido todo lo que significa el paso del dolor como crisis presente que nos permita hacernos paso (pascua) real.
Los sistemas con sus miles de imágenes pasatistas , virtualistas y mediocres que llevan a un escape aparente del abismo humano de la muerte, el dolor y la enfermedad o del buen vivir.

Este misterio que cenamos hoy nos involucra con la vida, nos permite escapar del miedo a vivir y se inserta amorosamente en los fangos de las gentes aun perdiéndolo todo en la entrega.
Cenar con Dios es comer con el pobre, es involucrarse, no pasar de costado egoicamente por la no vida de la indiferencia, de la injusticia o de la violencia de la que cada uno somos capaces.
Involucrarnos con toda miseria y hacerla pan de vida en el hijo amado del Padre.

Es hacernos pan nosotros también asumiendo nuestra hermandad que se hace carne en el Hijo y no desde un mero asistencialismo calma momentos atendiendo nuestra conciencia con prácticas que aparentemente depuran nuestro ser mirando desde fuera la pascua.

Hoy nuestro pueblo esta dolorido, postergado en sus mínimas cosas se debate entre la desesperanza y sus sueños reales, entre los devenires de turno de los poderes económicos y mediáticos, entre transformarse en un hommo consumo ,un hommo violento en un hommo sabio y entregado que se hace comida que duele en la ternura y la entrega.

Cenar con Dios es hacerse pobre, es no depender de demasiadas cosa y sentir que nada es nuestro, que todo esta para ser dado como parte del don que soy yo mismo.
Cenar con el Señor es involucrarse con las historias de los tantos hombres y mujeres que necesitan ser escuchados, que claman por sentirse personas, que dependen de nuestro rostro para encontrarse con el rostro del Hijo.
Cenar con Jesús es cenar con el pan y el vino de su mismo sagrado dolor y multiplicarlo por el mundo con el mismo dolor de su desgarrado cuerpo y sangre por amor a lo imposible.

En la tarde de la pasión

Nos enamoramos de los silencios.
Cede entre los verdes nuestro corazón nuevo, rojo entre la prístina mañana de los latidos.

Nos enamoramos de nuevo de las soledades, la presencia que palpamos en la noche, lejos de las noticias de los errantes, de los hipócritas, distante del vértigo que distrae.

Nos enamoramos de pájaros para atarte sin tenerte. Cuando te nombramos en la tarde de los silencios, nuestras voces se mezclan con las alas que se ensañan contra nuestro querer estar en arrastre y nos encontramos en un nosotros y fuimos Pueblo amado.

Nos enamoramos cuando encendías silencio tras silencio.
Ocaso de verdes en la tarde, pequeños bullicios de aves adormilándose por entre hierbas cuando nos hacías ternura tras ternura, cuando finalmente nos

hacemos pueblo en pasión y ya no nos sentimos solos.

Nos enamoramos cuando nos hacías presencia insondable en nuestras aparentes nadas.
Aparecían las sombras del estarse, las rostros del asomo incoherente de las mentes, aquellos impenetrables caminos que habíamos andado juntos eran ahora el asomo de un dolor de amante.

Nos enamoramos de los silencios cuando nos comunicabas en los hombres, nos hacías palabra, ese tierno desprender de los astros.

En este estarse te estabas silencio, en el arrullo de la brisa, hasta en las pesadillas entre despierto y dormido con una Palabra nueva que padecía cercana a la cruz del amor de tu entrega, la nuestra la de todo tu Pueblo amado.

Nos enamoraste cuando nos hacías silencio.
El amor se juntaba de ruidos cercanos y noches como sinfonía de lo absurdo, teniendo al amor por lo distinto, lo nuevo.

Nos enamoraste en la tarde nueva, cuando se amontonaba la ausencia premeditada de los oscuros.
Cuando entre tanta histeria amanecías en los arboles frescos de tus besos de Hijo del Hombre.

Te enamoraste de nuestros dolores, los acorralaste en tu fresca ternura, los atardeciste tuyos y en nuestros viajes cobijamos tus sueños los nuestros
Supimos que en la lágrima de tu Padre te estás Jesús con nosotros. Amen

Pascua de los Pueblos en el Hijo

Hablar de luz en estos tiempos donde esta tan absolutizada la oscuridad, o donde lo negativo pareciera superar todo resplandor puede sonar utopía desgajada de lo que vive el pueblo.
La luz de la Pascua surge del pueblo dolido que se ha reconocido en el clamor cotidiano o en las injusticias que lo parten hasta dejarlo en un aparente fracaso.
Del aparente fracaso de este Hombre Dios de Nazaret

amanece la historia de la soledad esencial que todo hombre ha padecido , padece y padecerá y de aquí se gesta sin embargo la solidaridad más profunda : el Dios que se impregna de la misma fragilidad humana.
En ustedes hombres y mujeres de Dios esta la luz que desconcierta a los poderosos. Esta la pobre mirada de un aparente imposible.
En sus tiernas manos descansan las pequeñas esperanzas poseedoras del amor necesario para luchar contra todos los males de este mundo a veces parco de sacrificio.
Se sangra en la luz hombre de los pueblos, se involucra uno con los no entenderás ante una anticultura que intenta explicárselo todo y que cuando le acontece el abismo del dolor, de la enfermedad o del fracaso se destruye ante sus mismas mágicas exposiciones.
Son de luz tus manos cuando te das simplemente y dejas un poco la mente que te carga de elucubraciones que desvían la urgencia de darte.
Son de luz tus ojos que encienden imposibles cuando te haces hospitalidad ante toda miseria humana.
Son luz tus huellas cuando construís tus caminos que sirven de encuentro para un Pueblo tan sometido en aparentes Democracias.
Sos luz vos mismo cuando te haces mensaje y no mensajero de doctrinas que escuchaste y nunca pasaron por tu experiencia única e irrepetible de tu propia Pascua con tu Pueblo.
Sos Pascua de tu gente cuando con tu misma persona construís puentes de paz y descanso.
Sos luz cuando te transformas en perdón vivo ante toda miseria.
En definitiva Dios en el hijo te hace Dios pobre y uno más de los tantos postergados que esconden en sus manos el amor final que te hará cielo.

Son De Luz

En los silencios acaecidos de ocaso
Camino de los pobres sobre senderos suaves
Son de luz entonces tus ojos
Cuando acrisolas esa espera entre las piedras.

Luz de tu mirada en las hojas de los otoños caídos
Cambio de los colores en la paleta clara

Son de luz tus manos primeras
cuando amaneces amando..

Luz de los olores atardecidos de la comida
mesa en las calles
son de luz las caricias que se dan
cuando todo parece haber terminado…

Luz de marquesinas que ahogan su propio destello
color de los poetas en la cándida palabra
son de luz en la palabra que es carne de su Pueblo
cuando te sorprendes y abrigas en las tinieblas un grito.

He andado siseando algunas puertas
Y me es dada en luz un llamado
Como si me dieran en un todo
Te cambias en mi refugio
Aunque ya no es mío
Tal vez ya no me pertenezco
O soy en la luz de mis huellas abrigadas….

Baile en las noches
Pie de luz en obstáculos
Como desasiéndose en aventuras
En los mares
En las piedras de un mar eterno…

Es tu lágrima el brillo de mi cara mojada
Por los cansados caminos
Por los besos errados
O porque soy de la montaña y no me dejo en los valles
Y no me recuesto ya en las luminarias plásticas…

La boca de tu luz
Es en mi boca una delicada mujer que canta
Una femenina luz en mi sombra…
Tu boca sede a mis labios
signos de una era de claros….

Lanza ya tu silencio
Sobre las runas nuevas
Te das en la tela o en la sepultura
Como oteando los crímenes para cederte en el nuevo….

Préstame tu camino
Tu sendero entre los deseos
Entre las miradas boquiabiertas…

Caminemos por los tallos
De las flores nuevas
No nos somos en lo oscuro
Nos estamos siendo en la clara mañana…

Nos somos en la entrega silenciosa
en la mirada prístina de un niño
en la revolución amorosa
Nos somos cuando menos nos pensamos
Cuando acariciamos la piel del otro
Y la dejamos ser ella misma…..

Ven Espíritu Santo, Ven Siempre…

Ven Espíritu que podamos aceptar y encarnar como habitas en nuestras vidas.
Como en los silencios que nos aparecen en la historia siempre te deslizas, como en los principios cuando aleteabas sobre la creación te eras en nuestro amor el Amor de Padre y de Madre.

Venga a nosotros tu aliento Hijo del Hombre, aliento vivo de Dios en nuestros cotidianos caminos eclipsados tantas veces por nuestros propios obstáculos o los que los sistemas perversos y oscuros quieren colonizar de nuestras vidas.
En nuestros sentimientos que integremos cada día nuestro corazón a nuestra cabeza sentipensando la vida y no solo pensándola para luego existir. Latir vibrar con la madre tierra nuestra casa común como parte de tu inspiración y ternura.

En nuestras lágrimas, que se hagan en los mas necesitados compasión, suavizando los dolores y curando las heridas con nuestras manos llenas de tu aliento e involucrándonos con el dolor como el samaritano.
En nuestros pesares, dolor que se haga paso, pascua de los pueblos postergados y descartados, ninguneados.
Quédate con nosotros Señor…

Ven Espíritu Santo y obra en nuestras obras, en nuestra entrega para que suavemente transitemos saliendo de nuestros círculos o espirales egoístas y podamos ser para el otro encuentro, puente y muchas veces silencio.
Sé entonces fuego en nuestra boca contra la injusticia, las opresiones, rezando aun por los opresores del poder y el dinero y sobre todo del Espíritu que habita en nosotros.
Sé entonces compasión en nuestras manos hacedoras de amor y constructoras de caricias.
Sé entonces el impulso creativo en las mediocridades, en el miedo en nuestros acomodos pasivos que nos sugieren seguridad y muchas veces nos cobijan en nuestros dogmas y ritos milagreros.

Ven Espíritu dador de vida en todos nuestros actos, aun en las muertes que causan las diferencias o las acumulaciones y desigualdades, en las barreras y religiones que promueven guerras y en las explotación de los pequeños, en todas las formas de esclavitud que hemos inventado en esta sociedad de aparente progreso.

Ven Espíritu encarnado en nuestras venas sangrantes de injusticia o en nuestros músculos cansados de tantas postergaciones y aun resignaciones.
Sé en nosotros pobreza desde los pobres ante los poderosos y piedra de escándalo para los que se la creyeron y se cobijaron en sus palacios cómodos de la llamada sociedad de bienestar y del consumo de unos pocos.
Sopla sobre nosotros el buen vivir, el proyecto de reino de Jesús el Nazareno nuestro proyecto ahora. El trabajo, la tierra el techo la tierra para los marginados por el sistema.

Espíritu aliento en la tierra Madre que nace de Tu boca y nos permite protegerla, cuidadosos entre nosotros y respetando esa casa común que hoy sufre por nuestras codicias y malos tratos.
Ser agua para todos y de todos sin privilegios, no privatizar las dignidades que nos acontecen.

Ser árboles en donde se cobijen los cansados.
Ser amantes de las culturas y respetarnos.
Ven Espíritu Santo, Ven Siempre…

María Latido de Mujer

Latido de Mujer
Como un latido me voy en tu silencio
Deslizando el despertar de algunos árboles
Me fue sido dado el silencio de una flor
Como risueña ante lo inasible.
Pinceladas de las nubes tus manos
Arrimaron un bosquejo
pequeños y simples pájaros
se acomodaron en tus pies de porcelana.

Cálida entre las luna de los niños
nos sos en la era de piel áspera
que ya convertiste en un regazo
Que cobija a las lágrimas de los locos.
Solo fuiste un latido nuevo
Nuevo como nunca
Que se humedecía en los labios
Con una gota eterna.
El latido de mujer
Fresco
Azul ya de ocasos

Se hace mano en los pequeños
Se hace sereno entre las violencias
para serse en las plegarias
una fragancia nueva
amanecida de Mujer.

Ascensión del Señor

Aun cuando las cenizas
Puedan sermonear nos un ocaso sin salida
Los que se aman sortean oscuros
miradas lascivas de los envidiosos
O los misiles tecnológicos de los poderosos sin nombre.

Aun cuando parece caer todo
Nos estamos en la ternura de nuestro amor
nuestra entrega difícil
nuestro corazón abierto.

Aun cuando se diga de nosotros
No seremos lo que nos dicen
Sino lo que somos para nosotros
Del que eternamente nos a nombrado
En el silencio, nuestro amor suave ascenso.

Aun cuando nuestro cerebro nos pase fantasmas
Nos haremos armonía fresca de arroyo
Que corre en el libre lecho seco
y se ascienden realidad en el ascenso del Hijo.

Fragilidad

Cuando hizo silencio el cosmos devino fragilidad en la hondonada de una mujer, que daba a luz lo imposible ante los cerebros mezquinos de siempre.
El perfume del silencio acaeció en la barcaza frágil de los hombres y del absurdo surgió lo posible, la mano que retiraba la careta de lo aparente omnipotente cedió ante las horas que decretaban su final.
Haya en esos tiempos los pensantes celebraban sus logros sudados entre las carnes de los pobres que todavía cantan en las nubes con los coros de los niños desaparecidos.
El poeta hizo un espacio entre sus deciros y los que lo apretaban hasta despojarlo de su tan propia identidad resurgió en una nueva mirada.

Un nuevo poema bramo desde los abismos que aquel barco frágil había explorado.
Cuando el mago se apresuro boquiabierto ante la luz que lo superaba, se abrió una nueva centella entre lo imposible y lo inerte.
Fragilidad en los techos de barro de los pobres.
Cielo al revés de los niños en el patio.
Tango, capricho del artista que en el ocaso sueña.
Cuando hizo silencio el cosmos devino color sobre la atolondrada tierra, marco el tiempo un sin tiempo errático en la carita de una niña que lo esperaba todo y lo tuve todo en su vientre de mimbre fresco.

Un Niño nos nace

El niño amanece en nuestras manos que se hacen encuentro en el puente de los diferentes, se besan las manos sin miedo con la ternura que les da la madre que los cobija en su piel nueva, llena de misterio y ternura para humanizarnos.
Solo hay lugar para paz en las manos del niño que nos nace dentro, lejos de esos ídolos de plástico o panzones de comercio, que roban el agua de los pueblos pobres, que se comen la comida de los pequeños y nos enferman con sus inventos agros tóxicos maravillosos.
El niño nos da todo, se da pleno en la fragilidad de los pueblos en el techo el trabajo y la tierra que acontece en las manos de los humildes para los cuales han muerto las esperanzas bobas, virtuales.
El niño nos amanece ternura nueva, sus ojitos albergan la pequeñez que tanto necesitamos como pueblo de Dios, para contrarrestar el sistema de la oscuridad, violencia y profundo desencuentro.

Fragilidad de la Navidad en los Pueblos

Los pueblos atisban una nueva entrega que se hace niño en los pequeños.
Una canción nueva despojada de mediocridades y de mediáticos ascensos

de triunfos, una música que se desliza por la fragilidad y la toma como su morada.

La mirada es la del amor que no es virtual ni una carota de facebook, sino se concreta en las manos y corazones que se dan realmente, que se encuentran y hacen cargo el uno en el otro, el otro en el uno.Un nacimiento solidario que desde siempre ha estado no tanto en nuestra mente sino en nuestros corazones desnudos y despojados de todo y abiertos a una nueva entrega.

En estos tiempos en que las crisis económicas o más bien financieras causadas por la omnipotencia de unos pocos que tomaban champagne desde las ventanas de Wall Street. En estos tiempos sin embargo asoma maravillosamente el encuentro despojado con nosotros mismos, con el que somos.

No nos queda otra que encontrarnos con nuestro propio pesebre el que se vislumbra en nuestra vida cuando acaece la soledad fecunda del encuentro con nosotros mismos.

Estos tiempos nos aproximan al otro desde nuestra identidad más profunda, nuestro amor en el cual resuenan los llantos y la alegría del niño Dios.Por eso el niño nos asoma a nuestra profunda humanidad, nos encamina a redescubrirla y esto se da en la desnudez de las posmodernos asomos de dioses de plástico o de consumo que algún día nos fallan o nos son infieles.

Despojados en el niño de camino a Belén ya sin tantas estructuras de poder que nos dan falsas seguridades en detrimento de nuestro ser mas humano, de nuestras pequeñas pero maravillosas ternuras.

Desnudos entonces de ropajes que nos identifican y que en realidad solo nos despersonalizan ,para terminar haciendo entonces de estas fiestas un patético desliz de petardo y descontrol, con esa sensación de querer destruirlo todo o con aquellos desparpajos e hipocresías depositadas en luminarias o arbolitos de oro o la competencia del mas grande mientras los niños otean desde sus panzas hambrientas..

Ahí donde esta nuestro amor se encarna el Amor, en lo cotidiano de cada día, de cada instante, no sin dolor nos corremos de esas cadenas egoístas que nos tienden los sistemas embanderados por unos pocos. El verbo se hizo carne y habito en nosotros.

Dios es amor en nuestro amor.

Un latido nos ha nacido

Dejar que el latido amanezca
En nuestros silencios
Que sea en nuestras pequeñas ternuras
Y solo anochezca con las horas del amor
Bailar entre los niños con la musa de los ángeles
Dejar que sea latido en nuestra historia.

Como una brisa permitirle a las rosas
Ser tan solo ellas mismas
Con su propia fragancia….

Hay muchos gritos en el latido
Solo uno que nos pertenece
La mano
Y su viento….

Dejar que el milagro nos acontezca
En nuestra historia
Ya se ha mostrado todo
Ya ha dibujado su color eterno…

Espero que estés ahí
Cuando amanezca entre los arboles
Siempre te espero y me abro
Y te abro entre las espinas…..

Sencillez en la ternura del latido
Camino de los pobres alegres
Camino del amor
De un Niño Celeste

La navidad ya nos es encuentro

Sencillez en el latido de Dios en su pueblo
Su hijo amado ya se nos es en la vida
Comunión que camina con sus pies entre luces y sombras
De todos aquellos que se aproximan a ser diferentes en el hijo…

Latido de las fragilidades que se encuentran
Silencio en las manitos atardecidas del pesebre
Donde los Poderes y sus poderosos se desploman
ante los rostros de los niños utilizados……

Dejar que nos acontezcan los milagros
Y sabernos nacimiento fresco en el Niño….

Cuida tu rosa hombre es del viento
Déjate seducir por lo eterno que está entre nosotros
De nuevo es latido

Un latido nos nace de nuevo……

Latido que es protesta sielncio de las no Navidades
De la nueva compra..

Oscuridad de los mesías de este mundo pos moderno
Tras los mediáticos de lo efímero
O el luminaria de plástico de las novedades pasajeras que se impregnan de programas famosos intentando manejar los corazones de los sencillos….

Oscuridad de las navidades pasajeras donde está permitido todo o en donde calmamos nuestras conciencias con unas migajas que nos hacen sentir plenos….

Tras las caretas se deja ver para los frágiles
Esos ríos de oscuro néctar que intenta infectar los corazones niños que aun y siempre permanecen con ese dejo celeste…

El no latido intenta dar muerte donde siempre abundara la vida Intenta crear el desencuentro o el miedo como vida común

El niño sin embargo nos nace nuevo aunque herido en la espada a la Madre que lo sigue soñando.

Ya al nacer era luz y sombra y nos es en nuestro corazón el latido nuevo. Oscuridad de las bengalas y el vértigo comprable o el mercado de la indiferencia y en una esquina en pies frágiles y descalzo espera el Niño celeste y la Madre abierta herida para dar vida…

Espero que estés ahí
Cuando amanezca entre los arboles
Siempre te espero y me abro
Y te abro entre las espinas…..

¿Aun no has sentido mi latido?
Esta en vos resignado lo que te detiene
Abriendo tus manos al otro
Haciendo que tu corazón explote para darte
Simplemente para darte..

Y El Verbo se hizo carne y habito entre nosotros.

Evangelio de la Desnudez

Y fue así que Dios se desnudó de sí mismo y se hizo desnudez en el Hijo
Toda "criatura" volvió a desnudarse en el devenir de su libertad creativa

El Creador se anonadó a sí mismo y no tuvo en cuenta su condición divina
Al no subirse a ningún trono ni potestad tanto en la tierra como en el cielo
Se hizo un servidor en su hijo, que se puso en nuestros mismos pies
Para elevarlos desde su tierra, a imagen y semejanza de Dios

Le dio el ser a la criatura desde la misma desnudez de su amor
Y no quiso ser casi Dios en su nueva creación

He aquí al Hombre que le dio piel desnuda a su Pueblo
Y lo hizo comunión y vida sin ninguna jerarquía ni potestad
Sino en la misma desnudez del Hombre Cosmos

Y el cosmos se hizo carne en la desnudez del Hijo
Y hasta fue despojado de sus últimas ropas
Que quisieron dividir, aunque no pudieron

Se hizo espontaneidad del amor y en el amor se hizo precepto
En el no precepto del amor que se encarna en todos los que aman
Y no hayan retenido religión alguna

Ya que nada puede ser retenido ni poseído para los que aman al Hijo
No es posesión de nadie ni de nada
Y en esa desnudez de su pobreza nos corteja

Y el Verbo se hizo desnudez humana y habitó entre su pueblo

Y se hizo comunión en la solidaridad de sus hermanos

Él vino a los desnudos y los desnudos no lo reconocieron en la desnudez
Sino que se vistieron, adoptaron sus propias verdades Y se encerraron en sus propios castillos de verdad pequeña

El camino y la vida fueron cubiertos de múltiples ropajes Y se hicieron y acunaron múltiples doctrinas sobre la desnudez del Hijo Cubierto por mantos que no le eran propios La mismidad del desnudo se trocó en guerra Que prevaleció sobre la desnudez de la paz

Vio Dios que no era bueno y se volvió a desnudar en la muerte
Y la muerte truncó las vestiduras que los hombres habían hecho
Aunque siempre encontraban explicaciones para la vestisión del Hijo

Y el Hijo nuevamente era vestido y la muerte ya no era vencida por la desnudez

Sino por la mente de los hombres que miserearon todo con su mirada pequeña,
Mirada que se hizo luminaria y marquesina fácil de todos los vivientes

Y la razón se fagocitó a la muerte
Y la dejó a un lado y explicó de portentosas maneras Hasta que se le escapó desnuda por los campos de trigo Ya que era sábado

Y escapó desnudo el Hijo y se revistió de los trigales para hacerse comida
En mano de los hombres que estaban hambrientos y desnudos de todo
Descubriendo su propia condición de hambrientos y sin ningún vestido
Que las potestades de este mundo pudieran comprar

Y los sin ropaje se hicieron en el devenir de la comunidad
Sin ningún templo más que el de sí mismos
Para poder abrigarse de los largos inviernos que sobrevinieron y vienen por estas edades sin tiempo

Y vio Dios que era bueno que no tuvieran puestos ni categorías
Sino que se deslizaran desnudos por la pelea eterna de ser los últimos,
Violencia que el amor generaba en la espontaneidad del ser
Y fue cuando surgieron algunos que pedían sentarse
A la derecha o a la izquierda del Hijo
Hasta mandaron a las Madres a que solicitaran,

Allí cuando la Lágrima se deslizó del cielo
Vuelta llanto en los prados para desvestirlos de nuevo

Las Virtudes se revistieron de virtuales, imitaciones de logros
Y monedas de absoluto donde los triunfos de la hechura del hombre
Menoscaban la desnudez y quieren vestirla de portentos Naciendo las calamidades que sacuden todo dejando la vida sin su mismidad,
Arropándola con adornos de plástico y finos chips de conocimiento

El mundo era de ellos y ellos lo sometieron y le pusieron nuevos nombres,
Nomenclaturas pulcras y cirugías de lo que no son
En apariencia mejores, por sus logros,
Pero pequeños guijarros recortaron abruptamente sus pies de barro

Y el Hijo sigue viniendo y los suyos no lo siguen reconociendo, Entre los niños se sigue escabullendo la desnudez del Hijo amado del Padre…

Ven Señor Jesús. *Padre Alejandro Delorenzi*

Tabla de contenido:

Espiritualidad encarnada humanización

I want morebooks!

Buy your books fast and straightforward online - at one of world's fastest growing online book stores! Environmentally sound due to Print-on-Demand technologies.

Buy your books online at
www.morebooks.shop

¡Compre sus libros rápido y directo en internet, en una de las librerías en línea con mayor crecimiento en el mundo! Producción que protege el medio ambiente a través de las tecnologías de impresión bajo demanda.

Compre sus libros online en
www.morebooks.shop

KS OmniScriptum Publishing
Brivibas gatve 197
LV-1039 Riga, Latvia
Telefax: +371 686 204 55

info@omniscriptum.com
www.omniscriptum.com

Printed by Books on Demand GmbH, Norderstedt / Germany